UITGAVEN VAN HET
NEDERLANDS HISTORISCH-ARCHAEOLOGISCH INSTITUUT TE İSTANBUL

Publications de l'Institut historique et archéologique néerlandais de Stamboul

sous la direction de
A. A. CENSE et A. A. KAMPMAN

XVI

LA CHRONOLOGIE DES ROIS DE SABA ET D̲Ū-RAYDĀN

LA CHRONOLOGIE
DES ROIS DE SABA ET ḎŪ-RAYDĀN

PAR

JACQUES RYCKMANS
Professeur à l'Université Catholique de Louvain

İSTANBUL
NEDERLANDS HISTORISCH-ARCHAEOLOGISCH INSTITUUT
IN HET NABIJE OOSTEN
1964

Printed in the Netherlands

TABLE DES MATIÈRES

LA CHRONOLOGIE DES ROIS DE SABA ET ḎŪ-RAYDĀN

I. INTRODUCTION

L'AVÈNEMENT DES DYNASTIES HAMDANIDES

Les textes sabéens provenant du péristyle du temple de Mārib ont été dernièrement publiés [1]. Nous nous proposons d'exploiter cette documentation fort abondante pour esquisser une chronologie relative des rois de Saba et ḏū-Raydān, condition préliminaire à l'interprétation d'ensemble des événements historiques et des relations entre les dynasties. L'étude de ces textes consacre brillamment le principe d'un raccourcissement draconien proposé il y a quelques années pour toute cette période par Mlle J. Pirenne [2] — et accepté depuis de divers côtés en Europe — notamment d'après les données historiques du texte Ry 535 [3]. Une proposition semblable, fondée elle aussi sur l'identification de Šāmir de ḏū-Raydān avec le roi Šāmir Yuharʿiš, avait déjà été lancée par Mordtmann et Mittwoch en 1931 [4], sans aucun succès. Ces auteurs n'avaient d'ailleurs même pas tenté d'exposer les conséquences de leur hypothèse: celle-ci impliquait en effet l'existence simultanée — véritable défi à l'imagination — d'une série de dynasties indépendantes de *MS* et *MR* [5], qui se seraient pratiquement ignorées l'une l'autre dans les textes, et dont de surcroît certaines se réclamaient de la même demeure royale Salḥīn à Mārib. Les travaux de Jacqueline Pirenne [6] ont levé cet obstacle majeur, non seulement en établissant que des situations de ce genre avaient existé dans chacun des grands Etats

---

1 A. Jamme, *Sabaean Inscriptions from Maḥram Bilqîs (Mârib)* (Publications of the American Foundation for the Study of Man, 3), Baltimore 1962. [Ja 550-850].

2 *L'inscription "Ryckmans 535" et la chronologie sud-arabe*, dans Le Muséon 69 (1956), p. 165-181; *Le royaume sud-arabe de Qatabân et sa datation* (Bibliothèque du Muséon, 48), Louvain 1961.

3 G. Ryckmans, *Inscriptions sud-arabes, 13e série*, dans Le Muséon 69 (1956), p. 139-163.

4 *Rathjens-v. Wissmannsche Südarabien-Reise, I: Sabäische Inschriften*, Hamburg 1931, p. 9, 218-220.

5 Cf. K. Mlaker, *Die Hierodulenlisten von Maʿīn* (Sammlung orientalischer Arbeiten, 15), Leipzig 1943, p. 94. — Nous adoptons pour la titulature les abréviations suivantes: *MS* = *mlk sbʾ*; *MR* = *mlk sbʾ wḏrydn*; *MY* = *mlk sbʾ wḏrydn wḥḍrm(w)t wymnt*.

6 *Paléographie des inscriptions sud-arabes*, I (Verhandelingen v. d. Koninklijke Vlaamse Academie voor Wet. Letteren en Schone Kunsten van België, Klasse der Letteren, 26), Bruxelles 1956.

sud-arabes à l'époque plus ancienne, mais aussi en dégageant pour la première fois des critères objectifs de comparaison paléographique.

Un moment capital de la période des *MR* est celui de l'établissement des dynasties hamdanides. L'une d'elles, probablement originaire des environs de Ṣan'ā', fut fondée par Wahab'il Yaḥūz, qui assuma le titre de *MS*. Son fils Karib'il Watar Yuhan'im (distinct de son hononyme, fils de Ḏamar'alay Bayyin, *MR*), régna en corégence avec l'ancien chef de Hamdān, Yarīm Ayman, dont plus tard le petit-fils Ša'r Awtar prit le titre de *MR*. Ces événements se situent au cours des conflits des tribus de langue sabéenne avec les royaumes de Qatabān et Ḥaḍramawt, qui aboutirent à la disparition du royaume de Qatabān.

Différents arguments historiques nous ont permis de situer la fin du royaume de Qatabān vers le début du règne de 'Alhān Nahfān, fils de Yarīm Ayman [7]. Le texte Ja 629 établit maintenant le synchronisme entre le règne conjoint de Nabaṭ et son fils Marṯad, derniers rois de Qatabān [8], et la corégence de Sa'adšams Asra', fils de Ilšaraḥ Yaḥḍub, et son fils Marṯad Yuhaḥmid, *MR*, ainsi que le règne de Yada''il de Ḥaḍramawt.

Ce synchronisme donne un relief singulier au peu qu'on connaît [9] de l'important texte Gl. 1228, hélas toujours inédit, dont est peut-être inspiré le faux CIH 598. Gl. 1228 mentionne la lutte du roi Wahab'il Yaḥūz contre Ḏamar'alay de ḏū-Raydān, et les tribus de ḏū-Raydān, alliées à Sa'adšams et Marṯad. On verra plus loin qui devait être ce Ḏamar'alay. Nous n'hésitons pas à identifier Sa'adšams et Marṯad — mentionnés ici sans le titre royal, soit parce qu'ils ne le portaient pas encore, soit plutôt parce que leur ennemi le leur déniait — avec les rois du même nom de Ja 629. Ce dernier texte cite d'ailleurs, ligne 41, parmi les alliés des deux rois sabéens un certain Yarīm, chef de Hamdān: c'est Yarīm Ayman, déjà mentionné, qui après avoir négocié une trêve (CIH 315) a régné avec le fils de Wahab'il Yaḥūz. Les chefs [ ]ḥ'il de Ḏarnaḥ et Ilram de Suhaym, nommés au même endroit, sont connus: le premier est Šaraḥ'il As'ar, de Ḏarnaḥ, qui mentionne dans un texte encore inédit de Mārib sa participation aux opérations des deux rois contre Yada''il de Ḥaḍramawt; le second est Ilram Yag'ur, chef de Suhaym sous Ilšaraḥ Yaḥḍub, *MR*, et son fils (encore non régnant) Watar Yuha'min (RES 3990). Cet Ilram est également l'auteur

---

7 *La chronologie sud-arabe du premier siècle avant notre ère*, dans BiOr 10(1953), p. 206. La date absolue que nous proposions pour cet événement, d'après celle alors assignée par les archéologues américains à la destruction de Timna', est évidemment beaucoup trop haute.

8 Dont un texte est publié par A. F. L. Beeston, *Epigraphic and Archaeological Gleanings from South Arabia*, dans Oriens Antiquus 1 (1962), p. 47-48.

9 E. Glaser, *Die Abessinier in Arabien und Afrika*, München 1895, p. 67.

de Ja 601 et Nami NAG 7 = Ja 602, du règne du même Watar, frère de Sa'adšams.

La lignée de cet Ilšaraḥ trouvait son origine ou avait des attaches historiques au sud-est de Ṣan'ā'. Dans deux textes qu'ils dédient quand ils n'étaient pas encore rois [10], Sa'adšams et Marṯad se disent membres de la tribu de Gura, et invoquent les divinités du mont Kanin (*'rn knn*). Celui-ci se trouve à la limite du *miḫlāf* de ḏū-Ǧura de l'époque d'al-Hamdānī [11], à une trentaine de km. au sud-est de Ṣan'ā'.

Ces éléments confirment entièrement nos vues sur la date relative de la fin de Qatabān. Ils situent le règne de Sa'adšams et Marṯad, ainsi que des derniers rois qatabanites, à l'époque de Wahab'il Yaḥūz et de Yarīm Ayman. Plus précisément, Ilšaraḥ Yaḥḍub, père de Watar et de Sa'adšams, avait disparu à l'époque où Yarīm Ayman était encore simple chef de tribu. Il est donc impossible de confondre ce personnage avec son homonyme, Ilšaraḥ Yaḥḍub *MR*, fils de Fari' Yanhub *MS*, depuis longtemps reconnu comme contemporain du petit-fils de Yarīm Ayman, et qui eut lui-même une longue corégence avec son frère Ya'zil Bayyin, tandis que leur successeur, Naša'karib Ya'min Yuharḥib, qui se dit "leur" fils [12], a également eu un règne important. Le mérite d'avoir distingué deux Ilšaraḥ homonymes revient à J. Pirenne, qui est arrivée à cette conclusion [13], sur la base de l'analyse paléographique, avant même la publication par Kh. Nami [14] de nouveaux textes relatifs à la lignée d'Ilšaraḥ.

---

10 Ja 568 et 753. Comme ces personnages n'y font pas état de leur filiation, bien que le premier texte mentionne Ilšaraḥ, ils sont peut-être fils adoptifs de ce roi, hypothèse qu'évoque A. Jamme, *Sabaean Inscriptions*, p. 341, sans paraître s'y rallier. — L'adoption expliquerait aussi la filiation singulière de Naša'karib Ya'min Yuharḥib.

11 *Ṣifat ǧazīrat al-'arab*, éd. D. H. Müller, Leiden 1884, p. 107, 24 sq. D'après al-Hamdānī, *ibid.*, p. 125, 10, le mont Kanin appartenait à la tribu de Tan'ima; à l'époque ancienne il devait toutefois faire partie du *miḫlāf* de ḏū-Gura, puisque des membres de cette tribu y vénéraient des divinités que des membres de Tan'ima — dont les chefs étaient tirés du clan de la ville de Kibs (à peu de distance au N.-E. du mont Kanin) — ne connaissent pas (Ja 618, 627). Ces différents noms de tribus et de lieux que nous vocalisons notamment d'après al-Hamdānī, n'ont pas été identifiés ou localisés par A. Jamme, *Sabaean Inscriptions*.

12 Cf. n. 10 ci-dessus. A. Jamme, *Sabaean Inscriptions*, p. 312, 331 et 391, reconstruit comme suit les étapes du règne des deux Ilšaraḥ, confondus en un seul personnage, aussi que de son frère et de ses fils: Ilšaraḥ avec son frère Ya'zil, à Ṣan'ā' puis à Mārib; Ilšaraḥ; Ilšaraḥ et Watar; Watar; Naša'karib Ya'min Yuharḥib; Sa'adšams et Marṯad. Il explique la filiation de Naša'karib par un retour à la politique du règne conjoint d'Ilšaraḥ et Ya'zil (p. 331).

13 Comme elle nous en a fait part en 1954.

14 *Nuqūs 'arabiyya ǧanūbiyya* (= NAG), II, dans Maǧallat kulliyyat al-ādāb (le Caire), 16 (1954), p. 21.

II. APPORTS STYLISTIQUES DES NOUVEAUX TEXTES À LA CHRONOLOGIE

En dehors des données historiques qu'on peut tirer de Ja 629, Gl. 1228, et, comme on le verra plus loin, de Ja 653 et CIH 314 + 954, en dehors aussi de données paléographiques abondantes — que faute de compétence nous n'utiliserons qu'à titre subsidiaire — les nouveaux textes de Mārib livrent divers arguments indépendants et concordants qui imposent de façon péremptoire de distinguer deux Ilšaraḥ homonymes, avec leur lignée respective, et permettent d'autre part de situer l'une par rapport à l'autre les différentes dynasties.

Environ 120 de ces textes sont datés relativement à quelque 25 règnes différents appartenant à la période qui nous intéresse. Tous proviennent du péristyle du temple de Mārib (ou de ses abords), où ils avaient été offerts par des membres de tribus sabéennes les plus diverses; tous sont des dédicaces à Almaqah. Sans parler des événements historiques auxquels ils font souvent allusion, ces textes permettent, par leur nombre et leur nature stéréotypée, des comparaisons stylistiques suffisamment étoffées pour pouvoir être converties en termes chronologiques. D'autant plus que nous ne devons en général situer l'une par rapport à l'autre que des lignées déjà reconstituées, plutôt que des règnes isolés.

Nos recherches, limitées aux textes datés par des règnes et donc utilisables pour la chronologie, ont porté sur l'emploi de quantité de termes courants, dont quelques-uns se sont révélés significatifs pour la chronologie, et sur la mention de divinités dans les textes de Mārib [1]. Les résultats se recoupent nettement entre eux, ce qui permet d'exclure l'effet de variations dialectales, par exemple, effet qui ne pourrait être que minime, vu la diversité d'origine des dédicants.

On trouvera au Tableau I le schéma chronologique, que les pages qui suivent tenteront de justifier, obtenu pour les lignées d'Ilšaraḥ I, de Ḏamar'alay Bayyin, et d'Ilšaraḥ II, par rapport à celle de Wahab'il Yaḥūz [2].

---

[1] Les statistiques par règnes s'obtiennent facilement en consultant les index de l'ouvrage de Jamme, tout en ayant sous les yeux la concordance des numéros d'inscriptions correspondant à chaque règne (p. XI-XII).

[2] Le lecteur voudra bien considérer que cette liste n'est qu'un schéma brut, où notamment une durée sensiblement égale est attribuée arbitrairement à la plupart des générations. Les correspondances chronologiques laissent donc une certaine marge; il était par exemple impossible de faire ressortir que ʿAlhān Nahfān, adulte, figure déjà avec Yarīm dans un texte de Wahab'il Yaḥūz. — La position de chaque personnage sur le schéma correspond en principe au début du règne. Les règnes non attestés dans les nouveaux textes de Mārib sont mis entre parenthèses. Les *MR* sont indiqués en italiques. Les accolades unissent les corégents. Pour les lignées ultérieures, voir le Tableau II.

A. *Le passage de la forme* šlṯ *à la forme* ṯlṯ

L'alternance des formes *šlṯ/ṯlṯ* de la racine signifiant "trois", dessine d'emblée un cadre chronologique que les autres éléments ne modifieront guère. La forme récente *ṯlṯ* supplante, à l'époque qui nous occupe, la forme ancienne *šlṯ*. L'ensemble des textes sabéens datés par des règnes présente, sous ce rapport, la répartition suivante. La forme récente se retrouve dans des inscriptions des règnes de [3]: Wahab'il Yaḥūz (avec mention de Yarīm Ayman, Ja 561 bis): ses fils: Anmar Yuha'min (Ja 562) et Yarīm non régnant (CIH 315); les descendants de Yarīm: 'Alhān et Ša'r (CIH 308, 693; Ja 631); Fari' Yanhub (CIH 299), et sa descendance: Ilšaraḥ II régnant seul (Ja 567, 572) et avec Ya'zil (Ja 577, 581); "leur" fils Naša'karib Ya'min Yuharḥib (Nami NAG 8; 10 = Ja 611; Ja 615 et 616); Yāsir Yuhan'im régnant avec Šāmir Yuhar'iš (CIH 46, 353, 448, RES 4196). En outre évidemment chez divers *MY* et à l'époque monothéiste. Dans la dynastie de D̲amar'alay Bayyin, la forme récente ne se présente que sous le dernier roi attesté, Karib'il Bayyin (Ja 643). Par contre la forme ancienne, attestée dès les plus anciens textes sabéens (RES 3945), apparaît encore dans une inscription mentionnant Yuhaqīm, fils non régnant de D̲amar'alay D̲ariḥ probablement encore régnant, et frère de Karib'il Bayyin (Ja 644). C'est elle exclusivement qui figure dans plusieurs textes des règnes d'Ilšaraḥ I et Watar Yuha'min (RES 3990), et de Watar régnant seul (Nami NAG 7 = Ja 602; Ja 601, 604). Enfin on trouve encore la forme ancienne dans RES 4190, de la corégence de Yarīm Ayman avec Karib'il Watar Yuhan'im *MS*.

La ligne de partage entre les deux formes se situe vers l'époque du règne de Yarīm Ayman. Elle attribue à l'époque ancienne la lignée de D̲amar'alay Bayyin, sauf son dernier membre, qui serait donc contemporain de Yarīm Ayman, ce qui correspond aux données paléographiques et numismatiques concernant cette dynastie. Elle situe aussi à l'époque ancienne Ilšaraḥ I et son premier fils, en tout cas, en accord avec les données que nous avons extraites de Ja 629 et Gl. 1228. Les deux formes sont attestées chez les membres de la lignée de Wahab'il Yaḥūz. Les lignées de Fari' Yanhub, de 'Alhān Nahfān et de Yāsir Yuhan'im se situent entièrement à l'époque où la forme *ṯlṯ* s'était définitivement imposée.

---

[3] Pour la commodité, et sauf avis contraire, nous citons des textes "du roi X" pour désigner aussi bien des textes émanant du roi en question que mentionnant son règne.

B. *L'apparition du cheval* (frs) *dans les textes sud-arabes*

La répartition chronologique des règnes d'après la forme employée pour la racine "trois" concorde remarquablement avec celle qui résulte de l'étude des mentions de chevaux et de cavaliers (*frs*) dans l'ensemble des textes sud-arabes antérieurs à l'époque monothéiste [4]. Ces mentions, relativement rares et récentes, apparaissent à l'époque d'hégémonie hamdanide: CIH 326, du roi Karib'il Watar Yuhan'im, *MS*, mentionnant 'Alhān non régnant; CIH 350, également de l'époque hamdanide, et probablement un peu plus récent (vu l'emploi du verbe *h̲mr*, comme on le verra ci-dessous); CIH 306, légèrement plus ancien que le précédent, d'après les critères paléographiques. Une statuette de cheval portant une inscription (CIH 504 bis), deux reliefs représentant un cavalier (CIH 705 — avec mention de la tribu de *Md̲mrm*, qui intervient dans CIH 46, de la corégence de Yāsir Yuhan'im et Šāmir Yuhar'iš — et CIH 445), et un texte mentionnant un mulet (RES 4146), ne sont pas antérieurs aux précédents, d'après la paléographie. On trouve encore des mentions de chevaux ou de cavaliers sous 'Alhān et Ša'r (RES 4149, Ja 635) et le contemporain de Ša'r, Ilšaraḥ Yaḥḍub II (Ja 574, Ry 535 = Ja 576, Ja 577, 578, 584); dans Ja 644 invoquant Yuhaqīm, fils non régnant de D̲amar'alay D̲ariḥ, et dans le texte Ja 643-643 bis du frère de Yuhaqīm, Karib'il Bayyin. Enfin des chevaux ou des cavaliers interviennent dans des textes de Šāmir Yuhar'iš I (Ry 535 = Ja 576); de Šāmir Yuhar'iš *MR* (Ja 649; probablement Šāmir II vu l'usage du mot *mr'* devant le verbe de dédicace, cf. *infra*, p. 9 n. 15) de la corégence des *MY* Yāsir Yuhan'im et D̲ara''amar Ayman (Ja 665); de Karib'il Yuhan'im *MY* (Ja 666).

La dédicace, mentionnant l'offrande de deux chevaux avec leur cavalier, figurant sur la statue de cheval en bronze de Dumbarton Oaks [5], inscription qui aurait été coulée en même temps que la statue [6], est d'un style graphique difficilement comparable aux inscriptions sur pierre. L'écriture ne nous paraît pas antérieure au début des dynasties hamdanides [7]. Dans les controverses qui ont entouré les

[4] Cf. déjà G. Ryckmans, *La mention des chevaux dans les inscriptions sud-arabes préislamiques*, dans Archiv für Orientforschung, 14 (1941), p. 54 sq. — Nous négligeons évidemment le terme *rkb*, qui est ambigu mais apparaît de toute façon à la même époque que *frs*.

[5] Ja 489 A. Cf. A. Jamme, *Inscriptions on the Sabaean Bronze Horse from the Dumbarton Oaks Collection*, dans Dumbarton Oaks Papers, 8 (1954), p. 317-330.

[6] A. Jamme, *Note on the Dating of the Bronze Horse of the Dumbarton Oaks Collection*, Washington 1957, p. 6.

[7] Elle est datée de la période finale du royaume qatabanite par J. Pirenne, *Paléographie*, I. p. 268. A. Jamme, *Inscriptions on the Sabaean Bronze Horse*, p. 330, la date, avec la statue elle-même, des Ve-VIe siècles de notre ère, par une restitution injustifiée de noms de la divinité chrétienne dans le texte.

tentatives, à notre avis extrêmes et inacceptables, de dater la confection de cette pièce soit au Ve siècle avant J.-C., soit aux Ve-VIe siècles de notre ère, on n'a pas remarqué jusqu'ici que Raḥ'il Aŝwaʿ de ḏū-Ma'ḏin, père de l'auteur de la dédicace de la paire de chevaux originale, est mentionné dans CIH 57 [8]. La graphie de cette inscription en relief, où le *ŝ* a encore la partie dorsale courbée, et non brisée, mais occupe déjà toute la hauteur de la ligne, se situe à l'époque de transition vers le *ŝ* à dos angulaire, c'est-à-dire vers l'époque de Wahab'il Yaḥūz et Yarīm Ayman [9]. Ce texte ne doit pas être antérieur au règne de Yarīm Ayman. Nous situons le fils de Raḥ'il — et donc la date de la confection de la statue et de l'inscription — vers l'époque de ʿAlhān Nahfān [10].

Nous ne connaissons pas de texte ou de monument mentionnant ou représentant le cheval en Arabie du Sud [11] antérieurement à ceux que nous avons examinés. On ne s'étonnera donc pas que cet animal, dont Strabon (*Geogr.*, 16.4,2) souligne encore l'absence en Arabie du Sud, ne figure pas dans les textes minéens, ni dans les textes et l'iconographie qatabanites. Il est même probable que c'est une supériorité sabéenne en cavalerie qui a précipité la fin du royaume de Qatabān.

Le cheval se serait donc répandu en Arabie du Sud sensiblement en même temps dans les différentes lignées, soit respectivement à partir de Karib'il Watar

---

[8] La lecture *(ṯ)ḥ'l* du fac-similé dans C. Rathjens, *Sabaeica I* (Mitteilungen aus dem Museum für Völkerkunde in Hamburg, 24), Hamburg 1955, fig. 45, p. 64, est démentie par une photo inédite de F. Geukens, où les restes de la première lettre ne peuvent être que les extrémités d'un *r*.

[9] Cf. Jacques Ryckmans, *Inscriptions historiques sabéennes de l'Arabie centrale,* dans Le Muséon 66 (1953), p. 323-324, où nous pressentions que le *ŝ* de l'époque des derniers rois de Qatabān devait déjà être coudé. C'est ce qui ressort maintenant de la graphie du texte cité ci-dessus, p. 2 n. 8.

[10] Si le texte fut réellement coulé avec la statue, celle-ci daterait de l'époque impériale. Le type de ces statues équestres, réservé aux tyrans à l'époque archaïque en Grèce, et disparu pour cette raison à l'époque classique, reparut dès la période hellénistique; cf. H. von Roques de Maumont, *Antike Reiterstandbilder,* Berlin 1958, p. 13-15. — J. Pirenne, *La Grèce et Saba* (Extrait des Mémoires présentés par divers savants à l'Académie des Inscriptions et Belles-Lettres, 15), Paris 1955, p. 65, date la statue du début du Ve siècle avant J.-C. sur la base de critères stylistiques qui, à notre avis, ne peuvent fournir qu'un *terminus a quo*. La forme de galop "pattes parallèles" ne peut d'ailleurs servir d'argument: les sabots ne sont pas dans la même position, ce qui signifie que la statue, endommagée, a perdu son attitude originale.

[11] Voir d'autres références dans notre article *L'apparition du cheval en Arabie* à paraître dans Jaarbericht "Ex Oriente Lux" 16 (1964). H. von Wissmann, *Badw,* dans *Encyclopaedia of Islam*[2], I, p. 885 fait erreur en attribuant *spécifiquement* au tribut offert par un souverain de Saba à Sargon II en 715, la mention de chevaux que le texte relie *collectivement* aux tributs de différents rois, notamment celui de Muṣru.

Yuhanʿim *MS*, Yarīm Ayman, Karibʾil Bayyin et Yuhaqīm, Ilšaraḥ II, ainsi que Šāmir Yuharʿiš, *MR*. Ceci indique une généralisation rapide — et bien compréhensible — de son usage, qui ne permet donc pas de remonter beaucoup plus haut la date de son introduction en Arabie du Sud. La mention par le *Périple de la Mer Erythrée* (§ 24, 28) de l'importation de chevaux et de mulets pour le compte de rois sud-arabes ne peut guère être antérieure de plus d'une ou deux générations au règne de Yarīm Ayman.

Nous ne pouvons croire qu'une simple coïncidence de date relie l'apparition du cheval et celle de la forme, apparemment bédouine, *t̲lt̲*, peu de temps après les premières mentions de *ʾʿrb* "Arabes, bédouins" dans les textes [12], et peu avant l'intervention caractérisée de rois bédouins d'Arabie du nord et centrale à la frontière sabéenne (Ry 535). L'apparition du cheval en Arabie du Sud doit certainement être reliée à l'expansion des nomades sur la frontière du désert d'Arabie, que W. Dostal [13] situe à partir des environs des IIe-IIIe siècles de notre ère, et attribue aux conséquences de l'emprunt aux Parthes, par les guerriers arabes, de la selle à garrot d'arçon. On notera que la chronologie des dynasties hamdanides et de la fin de Qatabān supposée par une telle corrélation, serait en bon accord avec les implications de la chronologie "courte" des rois de Saba et d̲ū-Raydān, évoquée au début de cet ouvrage.

C. *Les invocations à des divinités dans les textes de Mārib*

Pratiquement tous les nouveaux textes de Mārib datés par la mention de souverains [14] contiennent une invocation. Comme celle-ci inclut toujours au moins la mention du dieu Almaqah, c'est la présence ou l'absence d'autres divinités qui va constituer un élément significatif. Notre enquête à ce sujet fait ressortir qu'à une période où l'adjonction d'autres divinités à Almaqah dans les invocations est la règle absolue, conforme à l'usage ancien à Saba, succède une période où l'adjonction d'autres divinités est tout à fait exceptionnelle. La ligne de partage coïncide à peu près avec celle des éléments précédents; elle enferme dans le premier groupe: Našaʾkarib Yuhaʾmin *MS;* les deux membres attestés de la lignée de D̲amarʿalay Bayyin; tous les membres de la lignée d'Ilšaraḥ Yaḥḍub I (12 textes, y compris Ja 568); les trois membres de la lignée de

---

[12] A l'époque de Našaʾkarib Yuhaʾmin *MS:* cf. par exemple Ja 560. Cf. Jacques Ryckmans, *Aspects nouveaux du problème thamoudéen,* dans Studia Islamica 5 (1956), p. 16.

[13] *Zur Frage der Entwicklung des Beduinentums,* dans Archiv f. Völkerkunde 13 (1958), p. 1-14.

[14] L'éventail de ces textes nous paraissant suffisant, nous n'avons pas fait appel à d'autres textes de la même collection éventuellement datables par les noms propres, etc., ni à d'autres textes de Mārib ou d'ailleurs.

Wahab'il Yaḥūz; le règne de Rabbšams Nimrān, la corégence de Yarīm Ayman. Le groupe où les invocations à d'autres divinités sont exceptionnelles comprend les lignées partant respectivement de Ša'r Awtar ('Alhān Nahfān n'étant pas attesté), de Fari' Yanhub et de Yāsir Yuhan'im. Dans ce groupe on ne relève d'invocation à d'autres divinités que dans 5 textes: Ja 577 (suite de Ry 535 = Ja 576) et 578, seuls des 27 textes d'Ilšaraḥ et Ya'zil, ce qui s'explique peut-être par l'importance exceptionnelle des opérations y mentionnées; une des 18 inscriptions de Naša'karib Ya'min Yuharḥib, successeur des précédents (Ja 618), et enfin dans Ja 655, de Šāmir Yuhar'iš *MR*, et Ja 664, de Yāsir Yuhan'im et Tha'rān Ayfa' *MY* [15].

On a donc, dans le premier groupe: 24 invocations à d'autres divinités sur 24 textes — répartis sur 12 règnes — où l'invocation est conservée; dans le second groupe: 5 seulement, sur environ 85 textes répartis sur 11 règnes [16]. Ici encore, la dynastie d'Ilšaraḥ I apparaît nettement comme antérieure à celle d'Ilšaraḥ II, et sans attache avec elle.

D. *L'alternance des verbes* s'd *et* ẖmr

L'emploi respectif ou conjugué, dans les nouvelles inscriptions de Mārib, des verbes que, contrairement à l'opinion de A. Jamme, nous estimons synonymes: *s'd* et *ẖmr*, "accorder", confirme la répartition chronologique fournie par les autres éléments étudiés jusqu'ici. Ces verbes interviennent, souvent à plusieurs reprises, dans presque tous les textes. Le verbe ancien *s'd*, d'abord seul attesté, est concurrencé de plus en plus nettement par *ẖmr*. Les deux verbes se présentent alors fréquemment ensemble dans une même inscription, ou respectivement dans des textes différents d'un même règne. Enfin dans les lignées contenant des *MY*, la forme *s'd* devient exceptionnelle: 3 textes (Ja 662: *s'd;* Ja 652 et 666: *s'd* + *ẖmr*), sur un total de 26 textes où l'un au moins des deux verbes est utilisé.

---

15 Les textes de la lignée des *MR* Yāsir et Šāmir, et de tous les *MY*, se distinguent par insertion du mot *mr'* devant le nom d'Almaqah après le verbe de dédicace (*hqny mr'hw 'lmqh*). Cette particularité apparaît déjà dans un texte de Naša'karib, fils d'Ilšaraḥ II (Ja 616). Par contre elle est absente dans Ja 648, 650 et 653, de Yāsir Yuhan'im et Šāmir Yuhar'iš, selon toute apparence les premiers du nom. C'est la seule caractéristique stylistique qui distingue nettement les lignées de *MY* des séries plus anciennes.

16 Cette constatation, ainsi que l'indice signalé dans la note précédente, constitue un critère précieux pour établir un premier triage chronologique des textes de Mārib qui ne portent pas de mention de règnes. Il est évident que ce critère ne peut pas être appliqué d'office à des textes provenant d'ailleurs que du temple d'Almaqah. — Il n'est pas impossible que l'évolution du culte d'Almaqah, "seigneur" et divinité unique, soit due à une influence monothéiste, en l'occurence juive.

Les règnes sous lesquels la forme *s'd* est seule attestée (généralement à plusieurs reprises, soulignons-le, dans chaque texte) sont ceux de Naša'karib Yuha'min *MS* (3 textes); les deux membres attestés de la lignée de Ḏamar'alay Bayyin; toute la lignée d'Ilšaraḥ Yaḥḍub I (13 textes, y compris Ja 568), et dans le seul texte conservé des règnes suivants: Wahab'il Yaḥūz, son fils Anmar Yuha'min, la corégence de Karib'il et Yarīm, et enfin Rabbšams Nimrān. La limite d'*exclusivité* du mot *s'd* coïncide donc presque parfaitement avec celle marquant la disparition des invocations à des dieux étrangers. Cependant, le verbe *ḫmr* apparaît, en concurrence avec *s'd*, dans Ja 563 de Karib'il Watar Yuhan'im *MS* régnant seul. C'est *ḫmr* qui est attesté dans le seul texte de Fari' Yanhub (Ja 566). Chez ses descendants Ilšaraḥ II, Ya'zil et Naša'karib, un total de 31 textes contenant un seul des deux termes donne 4 textes *s'd* et 27 *ḫmr;* 12 autres textes contiennent les deux verbes à la fois. Pour Ša'r Awtar et son frère, les chiffres sont respectivement de 5, 3, 2 et 3: ils montrent une répartition mieux équilibrée, du fait que cette lignée s'est terminée un peu avant celle d'Ilšaraḥ II, à un moment où la forme nouvelle n'avait pas encore pris nettement le dessus sur la forme ancienne. D'ailleurs le règne de Šā'r Awtar connaît encore le recours à l'oracle (*ms'l*) qui n'est plus attesté à partir de Naša'karib Ya'min Yuharḥib. Pour ne pas compliquer les données en utilisant des textes de provenance diverse, nous nous sommes borné aux nouvelles inscriptions de Mārib. Mais étant donné l'origine variée des dédicants au temple de Mārib, on peut raisonnablement s'attendre à ce que l'apparition du verbe *ḫmr* dans les dédicaces soit un phénomène général dans tout le domaine de langue sabéenne vers l'époque de Fari' Yanhub. Il est à peine besoin de souligner l'intérêt que présente ce critère, fondé sur un des termes les plus fréquents dans les dédicaces, pour dater sommairement les textes sabéens.

Les recherches sur l'emploi des mots *rṯd, nkyt/nky, ġnm/ġnmt, mryb/mrb*, etc., la forme des symboles [17] et la direction des obliques du *ḏ*, donnent des résultats plus fragmentaires, mais concordants. Ceux que nous avons exposés illustrent l'importance exceptionnelle de la période de transition de Wahab'il Yaḥūz à 'Alhān Nahfān, et l'intérêt que présenterait une étude historique approfondie de cette période.

---

17 A. Jamme, *Sabaean Inscriptions*, pl. A et B.

III. LOCALISATION CHRONOLOGIQUE DES LIGNÉES ROYALES

Après avoir établi une ligne de partage sommaire entre dynasties "anciennes" et dynasties plus récentes, nous pouvons aborder certains problèmes particuliers qui concernent le classement chronologique de ces dynasties, et l'identification de certains de leurs membres.

A. *Dynasties anciennes* (Tableau I)

1. *Le règne de Rabbšams Nimrān.* Nos constatations ont classé Rabbšams Nimrān *MS* dans les séries anciennes. Des arguments d'ordre paléographique et autre [1] permettent de le situer approximativement vers l'époque de Karib'il Watar Yuhan'im *MS*.

2. *D̲amar'alay Bayyin MR et sa dynastie.* D̲amar'alay Bayyin, dont nous avons situé la dynastie, d'après ses derniers membres, peu avant l'époque de 'Alhān Nahfān, pourrait être — d'après un calcul sommaire des générations — le plus ancien *MR* attesté [2]. Sa lignée affectionne les noms et épithètes dynastiques anciens. Serait-elle la continuation d'une branche de la dynastie traditionnelle des rois de Saba? Pourquoi Karib'il Watar Yuhan'im *MR*, fils de D̲amar'alay, n'est-il pas attesté dans les nouveaux textes de Mārib, alors qu'il a régné en cette ville et qu'il a réparé l'enceinte du temple (CIH 373)? En dehors de Ja 558, les textes du péristyle ne mentionnent aucun règne antérieur à celui de D̲amar'alay D̲ariḥ *MR*, fils de Karib'il, et de Naša'karib Yuha'min *MS*. Faut-il en conclure que le péristyle est à peine antérieur au IIe siècle de notre ère, ou encore qu'un vaste vide sépare l'époque de Ja 558 des textes des premiers *MR*, ou enfin qu'Ilšaraḥ mentionné dans Ja 558 n'est autre que le futur

---

1 Sa'adtawān de la tribu de Gadan, nommé dans RES 4138, sous le règne de Rabbšams Nimrān, est peut-être le personnage du même nom mentionné dans CIH 1 sous le règne de Karib'il Watar, fils de Wahab'il [et dans Ja 565 (cf. Fakhry 120), sous le règne conjoint de Yarīm Ayman et du même Karib'il], cf. J. H. Mordtmann et E. Mittwoch, *Himjarische Inschriften* (Mitt. d. Vorderas. Aegypt. Ges., 37, 1), Leipzig 1932, p. 25. — A. Jamme, *Sabaean Inscriptions,* p. 392, situe Rabbšams Nimrān à la suite de toutes les lignées qui figurent au Tableau I (à l'exception de celle de Yāsir Yuhaṣdiq), et 235 ans après le Karib'il Watar en question.

2 A. Jamme, *Sabaean Inscriptions,* p. 391, situe D̲amar'alay Bayyin et sa lignée après celles de Ilšaraḥ (I et II), et plus de 100 ans après le règne de Yarīm Ayman. La durée assignée à cette dynastie est peu vraisemblable: Karib'il Bayyin serait monté sur le trône, où l'avaient précédé (règnes attestés) son père, son oncle, son grand-père et son arrière-grand-père, 50 ans seulement après le début du règne de ce dernier. — On voit l'ambiguïté qu'il y a à parler d'une façon absolue de la date de l'instauration de la "dual monarchy", dans l'idée que le titre de *MR* fut inauguré par Ša'r Awtar! Voir par exemple G. W. van Beek, *Frankincense and Myrrh, loc. cit. infra* p. 28 n. 2.

roi Ilšaraḥ I, dont le père est encore inconnu? Nous ne pouvons que poser ces questions, dont la solution dépasse le cadre de ce petit ouvrage.

Ḏamarʿalay Ḏariḥ se situe, dans notre schéma, vers l'époque de Wahab'il Yaḥūz: il s'agit donc, selon toute vraisemblance, de Ḏamarʿalay de ḏū-Raydān, ennemi de Wahab'il et allié de Saʿadšams et Marṯad dans Gl. 1228, d'autant plus que les descendants de Ḏamarʿalay Ḏariḥ ont, comme ceux d'Ilšaraḥ I, des affinités avec la tribu de Gura (Ja 643-643 bis; Ja 568 et 753).

Son père, Karib'il Watar Yuhanʿim *MR*, devrait se situer peu avant Wahab'il Yaḥūz, et donc avant la fin de Qatabān. J. Pirenne [3] l'identifie d'une part avec le Karib'il dont le style des monnaies s'apparente à celui des pièces de Šahr Halīl, père et grand-père des derniers rois qatabanites, et d'autre part avec Karib'il (Χαριβαηλ) du *Périple* (§§ 23, 26), roi qu'elle situe toutefois après la fin de Qatabān. Cette précision chronologique, en soi plausible, nous paraît cependant influencée par un argument *a silentio* qu'on pourrait résumer comme suit: le *Périple* connaît les royaumes intérieurs, puisqu'il nomme un Karib'il attesté à Mārib; si donc il ignore Qatabān, c'est parce que ce royaume avait disparu [4]. Mais pour autant qu'on puisse en juger, le *Périple* ne mentionne pas un roi sabéen à Mārib; il nomme dans sa capitale Ẓafār le chef d'un royaume himyarite (déjà signalé par Pline et Ptolémée): c'est ce qui ressort de l'expression "roi des Homérites" qui rend son titre [5]. Celui-ci est toutefois complété par les mots "et des Sabéens leurs voisins": le centre du royaume était Ḥimyar (ḏū-Raydān au sens strict), mais Karib'il ne dédaignait pas, comme ses concurrents du nord le faisaient pour son propre territoire, d'émettre des prétentions sur l'autre partie du Yémen: Saba. Ce titre de roi de Saba et ḏū-Raydān n'a pas de signification territoriale précise: nous le voyons porté simultanément par les membres de dynasties à Mārib, dans la province sabéenne, et dans la partie himyarite, et un texte du règne de Šaʿr Awtar, Ja 631, nomme même deux de ces rois locaux, avec le titre de *MR*, en compagnie de Šaʿr Awtar lui-même. Les Négus éthiopiens, ʿĒzānā notamment, ont porté cette titulature, par suite sans doute de leur occupation d'une *partie* de la région côtière du Yémen à l'époque de ʿAlhān Nahfān, Ilšaraḥ II et Šāmir. Il n'est plus possible en effet de supposer qu'ils le portèrent en raison d'une occupation de toute l'Arabie du Sud, après

---

[3] *Le royaume sud-arabe de Qatabân*, p. 21 et n. 14. Elle situe le *Périple* vers 225: *Un problème-clef pour la chronologie de l'Orient: la date du "Périple de la Mer Erythrée"*, dans Journal Asiatique, 1961, p. 454. Cf. F. Altheim, *Geschichte der Hunnen*, 5, Berlin 1962, p. 15.

[4] *Le royaume sud-arabe de Qatabân*, p. 174 et n. 23, et p. 200.

[5] Cf. notre article *Petits royaumes sud-arabes d'après les auteurs classiques*, dans Le Muséon 70 (1957), p. 81-82.

le règne de Šāmir, cette occupation étant aujourd'hui démentie notamment grâce aux nouveaux textes de Mārib [6].

Nous ne pensons pas, dès lors, que la mention "de d̲ū-Raydān" qualifiant D̲amar'alay, qui serait le fils de Karib'il, dans Gl. 1228, où Wahab'il ne pouvait que dénier à son ennemi le titre de Saba qu'il portait lui-même, puisse impliquer que sa dynastie régnait aussi sur Ẓafār, Moh̲ā et 'Aden. Sans doute, le règne de Karib'il Watar Yuhan'im ne figure pas dans les nouveaux textes de Mārib. Mais il est bien attesté, à Mārib et en territoire minéen plus au nord, par le contenu et la provenance des inscriptions de Mārib (CIH 373, 609, RES 3959, 4771, Ry 540), ou de la route de Ṣan'ā' à Mārib (Ry 544). Dans CIH 373 est mentionné d'ailleurs le château dynastique Salḥīn à Mārib.

Identifier le roi du *Périple* avec Karib'il Watar Yuhan'im *MR*, bien attesté à Mārib et en territoire minéen, implique évidemment que le territoire de langue sabéenne aurait été unifié, à l'époque du *Périple* et de Karib'il Watar, depuis le port de Moh̲ā jusqu'au territoire minéen, en passant par 'Aden (qui dépendait aussi du Karib'il du *Périple*), et Mārib. Un royaume de ces dimensions, comparable à celui que d'aucuns attribuent (à tort, pensons-nous) au pouvoir effectif des grands *mukarrib* de Saba, aurait bien pu éclipser, chez l'auteur du *Périple*, le royaume de Qatabān en plein déclin, et justifier le silence de l'auteur de l'ouvrage à l'égard de Qatabān.

J. Pirenne ne précise malheureusement pas ses vues sur la relation de Karib'il Watar avec d'éventuels rois sabéens contemporains [7]. De toute façon, sa chronologie raccourcie des *MR* implique la coexistence de plusieurs dynasties régionales, de sorte qu'on ne voit ni Karib'il Watar, ni aucun autre *MR* antérieur aux *MY*, dans le rôle de souverain d'un pays unifié sous son sceptre de Moh̲ā à Mārib, et de 'Aden à l'ancien territoire de Ma'in. Qui d'ailleurs aurait procédé à cette unification du pays? Le dernier texte qui nous donne des renseignements sur le territoire de langue sabéenne du Yémen méridional est l'inscription qatabanite RES 3858, trouvée dans cette région, et rédigée partiellement en sabéen à l'intention des populations assujetties. Il atteste l'emprise qatabanite — confirmée d'ailleurs par certains passages

---

6 *Ibid.*, p. 84; cf. aussi notre ouvrage *La persécution des chrétiens himyarites au sixième siècle* (Publications de l'Institut historique et archéologique néerlandais de Stamboul, 1), Istanbul 1956, p. 16 et n. 61; A. Jamme, *On a Drastic Current Reduction of South-Arabian Chronology*, dans BASOR 145, Feb. 1957, p. 28.

7 Dans son ouvrage *Le royaume sud-arabe de Qatabân*, elle situe d'ailleurs ce roi d'une part avant 200 (pl. VI, f), mais aussi plusieurs générations après Šahl Halīl, qu'elle place vers 200 (p. 64-65); enfin vers 220 dans *Un problème-clef*, p. 450.

d'Eratosthène et de Pline[8] — sur toute une région qui correspond au futur pays de Ḥimyar[9]. Raydān y est cité (l. 12), évidemment le site yéménite auquel se réfère l'expression "ḏū-Raydān". Aucun roi de Saba antérieur aux *MR* n'a laissé d'inscription au sud de Ṣan'ā', et aucun élément n'indique que cette région fut réoccupée par les *MS* après la disparition de la domination qatabanite. Au contraire, elle fait l'objet, sous le nom de "Pays de Ḥimyar", de multiples expéditions de rois sabéens de Mārib ou de Ṣan'ā' de l'époque hamdanide[10].

A notre avis, donc, le *Périple* cite ici un royaume *côtier* himyarite, et c'est au même titre qu'il connaît et nomme le Ḥaḍramawt avec sa capitale. Que Qatabān ait encore existé ou non, le *Périple* ne l'aurait sans doute pas davantage mentionné qu'il ne cite les autres *MS* ou *MR* de l'intérieur qui ont certainement existé à l'époque de Karib'il, quel qu'il soit.

Deux textes (Ja 578, 589) d'Ilšaraḥ et Ya'zil relatent des campagnes contre un Karib'il de ḏū-Raydān, précisément dans le pays de Ḥimyar. Ce personnage est assisté de tribus d'origine (ou d'ancienne obédience) qatabanite, qui s'appellent *wld'm*, "fils de 'Amm". Le même terme qualifie vers la même époque des tribus alliées à Šāmir de ḏū-Raydān dans Ry 535 = Ja 576,6, et Ja 577,2. Ce Karib'il serait-il identique à Karib'il Yuhan'im *MY* de Ja 666, et/ou à Karib'il Watar Yuhan'im *MY*, de Ja 667, texte qui signale une révolte à Ẓafār précisément? Cette dernière identification impliquerait toutefois que l'adversaire d'Ilšaraḥ ait déjà porté, dans le sud du pays, la titulature longue[11]. Quoi qu'il en soit, il y a là des candidats himyarites, plus qualifiés que Karib'il Watar Yuhan'im *MR*, à l'identification à Karib'il du *Périple* et Karib'il Yuhan'im des monnaies. Le Karib'il de Ja 578 et 589, contemporain d'Ilšaraḥ II, aurait même son répondant hadramoutique du *Périple*, Ελεάζος, en la personne d'Il'azz, contemporain de Ša'r Awtar (CIH 334), lequel est contemporain d'Ilšaraḥ II (CIH 398).

Par ailleurs le théâtre des opérations menées par Ilšaraḥ et Ya'zil, au sud de Ṣan'ā', contre Karib'il de ḏū-Raydān, nous paraît exclure l'identification de ce

[8] Eratosthène, *ap.* Strabon, *Geogr.*, 16.4, 2; Pline, *Nat. Hist.*, 12.88; cf. nos *Petits royaumes*, p. 83.

[9] Cf. N. Rhodokanakis, *Katabanische Texte zur Bodenwirtschaft* (Sitzungsber. Akad. Wiss. Wien, Ph.-Hist. Klasse, 198, 2), Wien 1922, p. 56 sqq.; cf. *Petits royaumes*, p. 83; H. von Wissmann, *De Mari Erythraeo*, dans *Lautensach Festschrift*, Stuttgarter Geogr. Studien 69 (1957), p. 306-307.

[10] Cf. *Petits royaumes*, p. 83-84.

[11] La mention d'un roi comme seigneur d'un dédicant à Mārib ne semble pas nécessairement impliquer que ce roi ait régné à Mārib. La coexistence d'inscriptions de personnages qui se reconnaissent respectivement comme sujets d'Ilšaraḥ II et de Šāmir Yuhar'iš pourrait indiquer que le temple était dans une certaine mesure un sanctuaire inviolable de toutes les tribus de langue sabéenne, indépendamment de leur appartenance territoriale.

personnage avec Karib'il Bayyin fils de D̲amar'alay D̲ariḥ *MR*, que nous trouvons — de l'autre côté du territoire de Ṣan'ā'-Mārib occupé par Ilšaraḥ et Ya'zil — en train de défendre l'ex-territoire minéen, fief de sa dynastie (cf. CIH 609), contre Yada''il de Ḥaḍramawt (Ja 643-643 bis). Ce Yada''il semble être le contemporain de 'Alhān et Šā'r (Nami 19) et successeur de Yada''ab (CIH 155) plutôt que son homonyme (et grand-père?) de Ja 629.

* *
*

Les considérations qui précèdent ont montré que le titre de roi de Saba et d̲ū-Raydān est apparu respectivement (et plus ou moins vers la même époque) dans les dynasties de D̲amar'alay Bayyin et Ilšaraḥ I, soit trois ou quatre générations avant son adoption, dans les dynasties hamdanides, par Ilšaraḥ II et Ša'r Awtar. Elles ont groupé en une demi-douzaine de générations un nombre de rois que A. Jamme [12], resté fidèle aux vues traditionnelles [13], étale encore sur 270 ans, dans l'idée que ces lignées ont dû être successives, et que toutes celles qui ont porté le titre de roi de Saba et d̲ū-Raydān sont postérieures à celles dont les membres étaient de simples rois de Saba. Par ce regroupement, l'espace supposé entre les premiers *MR* et l'époque monothéiste se trouve considérablement réduit. Voyons si une réduction analogue, impliquée par la chronologie courte, affecte également les lignées qui restent à examiner.

B. *Dynasties récentes* (Tableau II)

En raison du regroupement en lignées parallèles auquel a donné lieu l'étude des dynasties anciennes supposées successives, on peut dès l'abord présumer que les lignées qui restent à classer — essentiellement celles de Yāsir Yuhaṣdiq et de Yāsir Yuhan'im — loin d'occuper successivement et parcimonieusement une période de deux siècles jusqu'au premier roi monothéiste [14], ont été en grande partie synchroniques entre elles et même avec celles que nous venons d'étudier. Ceci ressort déjà de l'absence complète d'éléments stylistiques accusant une réelle évolution dans les textes de Mārib datant de membres de ces lignées, comme de l'évolution pratiquement nulle de la graphie. Mais on pourrait aussi épingler la nomenclature tribale de chefs militaires attestée dans Ja 616 sous Naša'karib Ya'min Yuharḥib, fils d'Ilšaraḥ II, qui se présente comme suit: "X et Y, banī Suh̲aym, seigneurs de la maison Raymān, chefs de la tribu de

---

[12] *Sabaean Inscriptions*, p. 390-391.
[13] Que nous défendions encore dans *L'institution monarchique en Arabie méridionale* (Bibliothèque du Muséon, 28), Louvain 1951.
[14] Cf. A. Jamme, *Sabaean Inscriptions*, p. 392-393.

Yursam [15], de la tribu de Sam'ay, tiers de Hagar". Une pareille nomenclature, attestée un peu plus tôt sous une forme différente, correspond à une structure à la fois tribale et féodale, qui n'a pu se maintenir telle quelle — et sans aucun témoin intermédiaire! — durant les 350 ans qui, selon A. Jamme [16], sépareraient Naša'karib de Malkīkarib, premier roi monothéiste attesté dans la deuxième moitié du IVe siècle. Or cette nomenclature se retrouve, pour la première fois après Ja 616, absolument identique, dans Ja 670, qui remonte au règne conjoint de ce Malkīkarib avec son père, *MY*. Nous allons voir qu'ici encore on aboutit au synchronisme de lignées supposées successives.

1. *Le règne de 'Amdān Bayyin Yuhaqbiḍ MR*. Ce roi est connu par des monnaies, et par le fragment RES 3433. On possède en outre en RES 5098 + 5099 (deux fragments que nous relions) une dédicace de construction à Mārib, dont il est l'auteur en compagnie de son fils non régnant Wadad'il. 'Amdān doit être postérieur à l'époque d'Ilšaraḥ II, jusqu'à laquelle un nombre impressionnant d'autres *MR* sont connus, mais antérieur à la généralisation du titre de *MY*. J. Pirenne [17] situe les monnaies au nom de 'Amdān Bayyin un siècle au moins après les dernières monnaies qatabanites, frappées par Šahr Halīl, père de Nabaṭ, le contemporain de Sa'adšams. D'autre part, elle place le 'Amdān des monnaies 20 ans après l'époque de Ry 535 (Ilšaraḥ II et Šāmir). On pourrait donc le situer vers la fin du règne de Naša'karib Ya'min Yuharḥib.

2. *La dynastie de Yāsir Yuhan'im et le problème de Šāmir Yuhar'iš*. Le problème central de cette dynastie est celui du synchronisme éventuel entre Ilšaraḥ Yaḥḍub II et Šāmir Yuhar'iš *MR* [18], proposé jusqu'ici d'après la paléographie et d'après l'identification de Šāmir de ḏū-Raydān, contemporain d'Ilšaraḥ II dans CIH 314 + 954, avec le roi Šāmir Yuhar'iš. Or les nouveaux textes de Mārib fournissent un texte capital qui nous permet maintenant d'établir *directement* le synchronisme entre Ilšaraḥ et le roi Šāmir Yuhar'iš, tout en confirmant l'identification de ce dernier avec Šāmir de ḏū-Raydān. A. Jamme [19] estime, après J. Pirenne [20], qu'Ilšaraḥ et Ya'zil ont régné en

---

[15] La vocalisation d'après al-Hamdānī, *Ǧaz.*, ed. Müller, p. 124,23; *Südarabisches Muštabih*. ed. E. Löfgren, Uppsala 1953, no 381.

[16] *Sabaean Inscriptions*, p. 390-392.

[17] *Le royaume sud-arabe de Qatabân*, p. 64-65 et pl. VI. Ce seraient les dernières monnaies himyarites à effigie jusqu'ici attestées. Le problème de la forme du monnayage des rois postérieurs, que nous posions dans *La persécution*, p. 5, n. 21, reste entier.

[18] Voir le Tableau II. En italiques, les *MY*; entre parenthèses, les rois qui ne figurent pas dans les nouveaux textes de Mārib. Voir en outre p. 4 n. 2, et le Tableau I.

[19] *Sabaean Inscriptions*, p. 309-312.

[20] *L'inscription "Ryckmans 535"*, p. 168.

province avant de s'emparer du trône de Mārib [21]. Le texte Ja 653, qui a pour auteurs la tribu de "Saba Kahlān", établie à Mārib (Ja 653,8 et 735,1), invoque Šāmir Yuharʿiš *MR* en "l'an 3 de Tubbaʿkarib fils de Wadad'il, de la tribu de Ḥazfar". Si, comme il semble, les éponymes exerçaient leur charge plusieurs années consécutives plutôt que durant des années séparées par un intervalle, ce texte serait d'à peine 3 ans antérieur à CIH 314 + 954, qui date de l'an 6 du même éponyme, et dans lequel Ilšaraḥ et Ya'zil célèbrent à Mārib leur victoire contre Šāmir de ḏū-Raydān! Šāmir Yuharʿiš venait donc, au moins temporairement, d'être éliminé de Mārib, et il est identique à Šāmir de ḏū-Raydān. De la même tribu de Saba Kahlān qui témoigne son allégeance à Šāmir Yuharʿiš dans Ja 653, émane le texte Ja 735, daté de l'an 9 du même éponyme [22]; il est significatif que ce texte ne porte pas de mention de règne.

Avant d'être identifié à Šāmir de ḏū-Raydān, Šāmir Yuharʿiš — jusqu'il y a peu le seul roi connu de l'époque polythéiste qui ait porté le titre de *MY* — a été logiquement situé vers la fin de la période des *MR*, d'autant plus que les dates de son règne, d'après l'ère de Mabḥūḏ, le situeraient dans le dernier quart du IIIᵉ siècle si cette ère était identique à l'ère himyarite. C'est R. Dussaud [23] qui a proposé de reconnaître en lui le personnage visé par RES 483, provenant d'al-Nemāra: l'épitaphe datée de 328, d'Imru' al-Qays (*mrlqys*) fils de ʿAmr, "roi de tous les Arabes", qui fait état de conquêtes en Arabie jusqu'à "Nağrān, ville de Šāmir". Mordtmann et Mittwoch ont fait un pas de plus [24] en considérant Šāmir Yuharʿiš, dernier *MR* et premier *MY*, comme identique à Šāmir de ḏū-Raydān, contemporain d'Ilšaraḥ (ils ne connaissaient apparemment pas le texte RES 483). Cette hypothèse était fondée sur la mention, dans CIH 353, sous la corégence des "roi[s Yāsir Yuhanʿim et Šā]mir Yuharʿiš", de Yarīm Ayman, chef de Hamdān [25]. E. Glaser [26] avait auparavant conclu de cette

---

21 Contrairement à l'opinion de J. Pirenne, *loc. cit.*, nous ne pensons pas pour autant que la dynastie de Šāmir ait été plus "légitime" à Mārib que celle d'Ilšaraḥ; cf. nos *Petits royaumes*, p. 91 et 96.

22 Sa tribu y est désignée par l'expression *bn kbr ḫll*, qui est toutefois synonyme de *bn ḥzfrm*, cf. A. F. L. Beeston, *South Arabian Calendars and Dating*, London 1956, p. 30.

23 *Inscription nabatéo-arabe d'An-Nemāra*, dans Revue Archéologique 3ᵉ série, 41 (1902), p. 409-421.

24 Cf. la n. 4, p. 1.

25 Ce texte mentionne aussi un Šafʿaṯat Ašwaʿ qui figure avec son fils Zayd Ayman dans CIH 628 (règne de [Šāmir Yuharʿiš] *MR*, fils de Yā[sir Yuha]nʿim *MR*), et dans Ja 708 et 713 (sans mention de règne). La restitution d'un nom propre (*mlk*[*m*] ou *mlk*[*krb*]), au lieu du nom de Yāsir Yuhanʿim précédé du mot "roi", dans CIH 353, proposée il y a près de 100 ans, et encore suivie par A. Jamme, *Sabaean Inscriptions*, p. 362 sqq., nous paraît sans fondement. Il faut lire *mlk*[*n* (ou *mlknhn*) *ysrm yhnʿm wš*]*mr yhrʿš*, en observant que les textes, maintenant nombreux de Šāmir ne fournissent pas le moindre indice de l'existence de ce Malik[...], et qu'au contraire les noms de Yāsir et Šāmir sont souvent précédés du mot "roi" (cf. notre

mention de Yarīm Ayman qu'un second personnage de ce nom avait vécu au IIIe siècle de notre ère.

J. Pirenne combine sur de nouvelles bases l'identification de Dussaud — généralement acceptée — et celle, jusque là méconnue, de Mordtmann et Mittwoch. Elle se fonde notamment sur la paléographie, mais surtout sur le texte Ry 535, où sont relatées les campagnes d'Ilšaraḥ et Ya'zil contre Šāmir de d̲ū-Raydān, et contre un certain Imru' al-Qays (*mr'lqs*) fils de '[..]*m*, roi de *h̲ṣṣtn* à la frontière sabéenne. A la suite de G. Ryckmans, elle restitue [27] en *'mrm* le nom du père, et croit même retrouver nettement ce nom sur la photographie de l'inscription [28]. Elle identifie donc cet Imru' al-Qays avec celui de l'inscription d'al-Nemāra.

A. Jamme, qui a copié le texte Ry 535 — son n° 576 — à Mārib, affirme toutefois que la lecture *'wfm* est claire [29]; comme de plus il n'a pas saisi l'importance de la date donnée dans Ja 653, il repousse l'identité de Šāmir de d̲ū-Raydān avec Šāmir Yuhar'iš, et maintient le premier à l'époque qu'il assigne à Ilšaraḥ — premier siècle avant J.-C. — et le second, d'après le texte d'al-Nemāra, au début du IVe siècle après J.-C. Il faut cependant remarquer que même la lecture 'Awf, si elle se révèle exacte, et l'incertitude qui subsiste au sujet de la valeur du titre *mlk h̲ṣṣtn* dans Ry 535 (encore que le nom *mr'lqs* implique en tout cas une localisation en Arabie du nord ou centrale), ne peuvent désormais prévaloir contre l'identification de Šāmir de d̲ū-Raydān avec Šāmir Yuhar'iš *MR*, obtenue grâce aux dates d'éponymes de Ja 653 et CIH 314 + 954. La mention, dans Ry 535, de chevaux, de Négus d'Aksum, de rois bédouins et de la tribu de Kinda (également mentionnée sous des *MY* dans Ja 660 et 665, ainsi qu'à l'époque monothéiste), établit en tout cas que ce texte — et par

---

Institution monarchique, p. 167). On trouve d'ailleurs une lacune analogue: *lml*[ ]*mr yhr'š* aux lignes 2-3 d'un texte de Mārib dont la photo est publiée par A. H. Sharafaddin, *Yemen, Arabia Felix*, Ta'iz 1961, p. 36. Comme ce texte a pour auteurs Yāsir Yuhan'im et Šāmir Yuhar'iš (l. 1), et que la lacune est assez longue, on doit restituer *lml*[*knhn ysrm yhn'm* (*wbnhw*?)*š*]*mr yhr'š mlky* etc.

[26] *Skizze der Geschichte Arabiens*, München 1889, p. 85; il est suivi par A. Jamme, qui le cite dans *Sabaean Inscriptions*, p. 369 et n. 93, et maintient quatre siècles d'écart entre Yarīm Ayman et Šāmir Yuhar'iš, *ibid.*, p. 390-392.

[27] *L'inscription "Ryckmans 535"*, p. 167; F. Altheim, *Geschichte der Hunnen*, 1, 1959, p. 129; 2, 1960, p. 294.

[28] *Le royaume sud-arabe de Qatabân*, p. 30 et pl. I.

[29] *On a Drastic Current Reduction*, p. 29-30. — *'wfm* nous paraît plus probable sur notre épreuve de la photo originale. Comme des traces presque lisibles se distinguent sur la photo, insuffisante, les lettres litigieuses doivent être assez nettes sur la pierre. De ce point de vue nous préférons la lecture de Jamme, pour autant du moins — ce qui n'est pas dit clairement — qu'elle provienne d'une copie faite sur place, et non d'un déchiffrement de la photo de Geukens.

conséquent aussi Šāmir de ḏū-Raydān = Šāmir Yuhar'iš *MR*, et Imru' al-Qays fils de 'Awf — se place vers le IIIe siècle.

Résumons les points qui nous paraissent assurés:
1°. Ilšaraḥ II est contemporain de Šāmir Yuhar'iš *MR* — qu'il appelle Šāmir de ḏū-Raydān — et de Imru' al-Qays fils de 'Awf (Ry 535, CIH 314 + 954, Ja 653). Ce Šāmir était apparemment, lors de sa corégence avec son père, le contemporain de Yarīm Ayman (CIH 353, cf. 628).

2°. Šāmir Yuhar'is *MR* et *MY* doit avoir été contemporain de (ou légèrement antérieur à) Imru' al-Qays fils de 'Amr, mort en 328 (RES 483); il aurait vécu au plus tôt dans la seconde moitié du IIIe siècle, et il assuma, vers la fin de son règne, le titre de *MY*.

Le problème central de la dynastie de Yāsir Yuhan'im se résume dès lors à la question de savoir si les deux personnages du nom de Šāmir Yuhar'iš, fils de Yāsir Yuhan'im, nommés sous les nos. 1 et 2, respectivement comme *MR* et comme *MR/MY* sont une seule et même personne, comme on l'admet généralement dans le cadre de la chronologie courte [30].

Du point de vue chronologique, cette identification nous paraît actuellement improbable. D'abord à cause de l'existence presque certaine de deux Imru' al-Qays distincts, chacun contemporain d'un Šāmir. Ensuite le même Šāmir aurait été à la fois le contemporain, au début de son règne, de Yārim Ayman, et le contemporain, ou du moins un prédécesseur immédiat, d'Imru' al-Qays, mort en 328, et il serait attesté vers 276 encore en corégence avec son père. Ceci semble difficile à admettre, eu égard au nombre de règnes qui devraient séparer Ša'r Awtar, petit-fils de Yarīm Ayman, de Malkīkarib, premier roi monothéiste. En outre, le règne de Naša'karib, "fils" et successeur d'Ilšaraḥ et Ya'zil qui, bien attesté à Mārib, ne mentionne pas Šāmir dans ses opérations militaires, semble incompatible avec la présence supposée, à la même époque et à Mārib, d'un roi Šāmir Yuhar'iš très puissant, qui assuma le titre de *MY*. Enfin les textes Ja 664 et 665 mentionnent un Yāsir Yuhan'im *MY*, régnant en corégence successivement avec un fils et un autre corégent. Ce roi n'aurait pu assumer sa titulature de *MY* qu'après la fin du règne de son fils Šāmir Yuhar'iš *MY*, puisque celui-ci mentionne toujours son père avec le titre de *MR*. La longueur supposée du règne d'un Šāmir unique s'oppose au schéma proposé par A. Jamme [31], d'après lequel Yāsir Yuhan'im

---

30 A l'exception toutefois de H. von Wissmann, qui partant des résultats que nous lui avons communiqués, défend l'existence de trois Šāmir Yuhar'iš, dans un ouvrage à l'impression. Nous avons par ailleurs tenu compte avec gratitude de plusieurs remarques judicieuses du Prof. von Wissmann, pour la mise au point de la présente section.

31 *Sabaean Inscriptions*, p. 374-375.

aurait repris le pouvoir successivement avec deux corégents, postérieurement à sa corégence avec Šāmir, et au règne de ce dernier comme *MR*, puis comme *MY*. De toute façon on devrait supposer l'existence d'un second Yāsir Yuhanʿim.

Nous avons apporté il y a plusieurs années [32] à ces problèmes la solution suivante, qui nous paraît toujours la plus adéquate au point de vue chronologique, encore qu'elle laisse subsister des difficultés paléographiques. Il y aurait deux séries Yāsir Yuhanʿim/Šāmir Yuharʿiš, attestées à deux générations de distance, et les "ères" dites de Nabiṭ et de Mabḥūḍ, utilisées sous leur règne respectif, seraient en réalité des noms d'éponymes ajoutés aux chiffres de l'ère himyarite. En effet, les textes ainsi datés utilisent des noms de mois himyarites encore inconnus à Saba, et proviennent du territoire himyarite. C'est là que l'on trouve ensuite (RES 3383) la première mention non ambiguë de l'ère himyarite au moment où ce comput allait s'étendre à toute l'Arabie du Sud. Il serait étonnant qu'on ait utilisé au IIIe siècle, dans la même région et pour les mêmes lignées, trois computs himyarites distincts, déjà séculaires, et dont le point de départ n'aurait différé que de quelques dizaines d'années.

Šāmir Yuharʿiš I, régnant avec son père Yāsir Yuhanʿim I, aurait été le contemporain de Yarīm Ayman. Cette corégence serait attestée par RES 4196 en l'an 316 (sous l'éponymat) de Nabiṭ, soit vers 207 de notre ère. Il fut ensuite le contemporain d'Ilšaraḥ II.

Son homonyme, Šāmir Yuharʿiš II, fils de Yāsir Yuhanʿim II, serait attesté en corégence avec son père en l'an 385, (sous l'éponymat) de Mabḥūḍ (CIH 46), soit vers 276 de notre ère, et probablement seul en l'an 396 (CIH 448) c'est-à-dire vers 287 de notre ère. C'est le souverain dont Imru' al-Qays se vante d'avoir pris la ville de Naǧrān (RES 483). Il prit le titre de *MY* [33], qui, eu égard à l'usage plutôt abusif du titre de *MR* à l'époque précédente, ne doit pas être considéré comme impliquant nécessairement l'annexion effective de tout le Ḥaḍramawt. Après son règne, son père aurait repris le pouvoir en régnant en corégence successivement avec Ḏara''amar Ayman et Tha'rān Ayfaʿ, en portant le titre de *MY*.

D'un point de vue paléographique, cette hypothèse se fondait sur l'existence de deux graphies, qui pouvaient apparaître comme successives, dans les inscriptions émanant de personnages du nom de Yāsir Yuhanʿim et Šāmir Yuharʿiš. L'examen paléographique des nouvelles inscriptions de Mārib révèle, du moins à nos yeux

[32] *Zuidarabische Kolonizatie*, dans Jaarbericht "Ex Oriente Lux", 15 (1957-1958), p. 246, n. 48.

[33] Yaʿmur Ašwaʿ, des banū ḏū-Ḫalfān Anmar (à restituer ainsi), chef militaire, co-auteur de Ja 662 sous Šāmir Yuharʿiš *MR*, figure avec le même titre sous Šāmir Yuharʿiš *MY*, comme co-auteur d'une dédicace de Mārib dont la photo est publiée par A. H. Sharafaddin, *op. cit.*, p. 44, bas.

profanes, une situation apparemment plus complexe. Durant toute la durée des lignées de Yāsir Yuhaṣdiq et de Yāsir Yuhan‘im apparaît la persistance parallèle de deux types d'écriture, qui se distinguent essentiellement par la forme du *t* [34]. Dans un de ces types, le *t* a la forme "récente", "hamdanide": les empattements, très accusés, se terminent en oblique par rapport à la ligne d'écriture, et les extrémités de la lettre ressemblent à celles d'un *x* en italiques [35]. Dans l'autre type, le *t* conserve (c'est apparemment une tendance himyarite) la forme ancienne: les empattements se terminent parallèlement à la ligne d'écriture [36], comme dans notre X. Dans certaines graphies, les obliques de la lettre *ḏāl* sont abaissées vers la gauche, dans d'autres vers la droite. Nous n'avons pu établir de raison logique à la distribution dans les différents règnes d'inscriptions représentant l'un ou l'autre de ces types. Cependant, *toutes* les graphies à *t* "hamdanide" (mais aussi *quelques* textes à *t* "himyarite") ont les obliques du *ḏāl* abaissées vers la gauche, et tous les textes où Šāmir est attesté seul avec le titre de *MR* ont le *t* "hamdanide", sauf Ja 652, texte qui présente (avec Ja 662, de Šāmir *MY*) l'anomalie d'utiliser encore le verbe *s‘d*. Il y a là des problèmes que seule une analyse paléographique approfondie permettra d'élucider; mais l'existence concurrente de deux types d'écriture pendant toute la durée de ces lignées nous paraît, si elle se vérifie, de nature à expliquer le caractère relativement archaïque de certaines inscriptions que nous attribuons à Šāmir II.

Il faut encore signaler l'hypothèse, défendue naguère par Glaser, et reprise par A. J. Drewes [37], selon laquelle Šāmir Yuhar‘iš aurait terminé son règne en Ethiopie postérieurement à 287 de notre ère, et ne serait autre que le Sembrouthès des inscriptions grecques et des monnaies [38]. Ceci expliquerait le fait que Yāsir Yuhan‘im II ait repris le pouvoir après le règne de Šāmir II. F. Altheim et R. Stiehl [39] viennent il est vrai d'avancer des arguments en faveur de dates plus récentes que celles généralement retenues, pour les règnes de Sembrouthès et de ‘Ēzānā. Sans entrer dans le détail de ces questions, qui nous paraissent encore loin d'être définitivement résolues, remarquons que ces dates récentes

---

34 Nous nous référons aux planches de fac-similés publiées par A. Jamme, *Sabaean Inscriptions*, pl. I-N (lire RES 4716 au lieu de RES 4616 sur la planche N).

35 CIH 353, RES 4958, Ja 648; CIH 407, RES 3910, Ja 649, 651, 654; Ja 669.

36 CIH 46, 448, RES 4196; Ja 652; Ja 656, 657, 658, 660; CIH 430, 431 + 438, Ja 661, 662; CIH 457; RES 3960, Ja 668.

37 *Inscriptions de l'Ethiopie antique*, Leiden 1962, p. 106-107; cf. G. Ryckmans, *Notes épigraphiques, 6e série*, dans Le Muséon 75 (1962), p. 463-464, 468.

38 L'alternance *šmr/šmrt* postulée par l'identification de Šāmir à Sembrouthès serait du même ordre que pour le nom du roi éthiopien *gdr*, qui paraît être identique au *gdrt* des textes sabéens.

39 *Die Datierung des Königs ‘Ēzānā von Aksūm*, dans Klio, Beiträge zur alten Geschichte 39 (1961), p. 234-248; F. Altheim, *Geschichte der Hunnen*, 5, Berlin 1962, p. 157-180.

présentent des difficultés. La titulature "sud-arabe" (de *MR*) portée par ʿEzānā serait très anachronique au Ve siècle, si du moins elle remonte, comme il semble probable, à l'occupation abyssine d'une partie de la région côtière du Yémen à l'époque de ʿAlhān Nahfān et d'Ilšaraḥ II. Il est de même difficile d'admettre que les conquêtes de Sembrouthès, identifié à l'auteur du *Monumentum Adulitanum*, soient très postérieures à l'époque d'Ilšaraḥ II, et en particulier que pas moins de deux siècles séparent les seules mentions connues, chez Ptolémée et dans le *Monumentum*, d'un nom aussi artificiel que celui des *Kinaidokolpitai* [40].

3. *La dynastie de Yāsir Yuhaṣdiq.* (Tableaux I et II). Cette dynastie dont pratiquement seuls les membres récents — *MY* — figurent dans les dédicaces du temple de Mārib, doit être au moins partiellement contemporaine de celle de Yāsir Yuhanʿim. D'après Ja 631, un chef sabéen effectue sous le règne de Šaʿr Awtar une opération à partir de Nuʿḏ contre les forces du Négus dans la région de Ẓafār, avec l'aide d'un roi (probablement régional) Liʿazz Yahnūf Yuhaṣdiq (*Lʿzz yhnf yhṣdq*), *MR*. Ce texte est, avec CIH 398, le seul où plusieurs *MR* de lignées différentes figurent ensemble avec leur titre complet [41]. Or c'est à Maḏāb, dans la région située entre Nuʿḏ et Ẓafār, qu'est attesté dans CIH 40 un roi du nom de Liʿazz [Ya]nūfān Yuhaṣdiq (*Lʿzm* [.]*nwfn yhṣdq*), *MR* [42]. La graphie allongée de ce texte, le *w* en deux cercles et le *b* à double barre transversale, le rapprochent notamment de Nami 71-73, daté du règne de ʿAlhān Nahfān [43]. Malgré la légère différence d'orthographe dans les noms, il serait tentant, étant donné le contexte géographique, de considérer les deux personnages comme n'en faisant qu'un seul. Cette identification permettrait apparemment de situer Yāsir Yuhaṣdiq, nommé dans CIH 41. En effet, on a généralement considéré que CIH 40 et 41, qui

---

[40] Cf. nos *Petits royaumes*, p. 95. — Il est d'ailleurs significatif qu'en transcrivant le *Monumentum* pas plus tard qu'au milieu du VIe siècle, Cosmas Indicopleustes non seulement estime nécessaire de gloser le terme *Kinaidokolpitai*, mais encore commette l'erreur de l'égaler à "Adanites". — Au sujet du *Monumentum*, cf. H. von Wissmann, *De Mari Erythraeo* (cité *supra*), p. 317, 322.

[41] Ligne 37 de ce texte le dédicant, membre de la tribu de Gura, invoque comme son seigneur un *MR* jusqu'ici inconnu, Laḥayʿaṯat Yarḫam. Il s'agit du suzerain direct du dédicant, et donc d'un roi du territoire de ḏū-Gura, peut-être descendant de la lignée d'Ilšaraḥ Yaḥḍub I. Ce texte démontre à suffisance la valeur toute relative du titre de *MR*.

[42] A. Jamme, *Sabaean Inscriptions*, p. 381, n. 4, remarque justement que l'estampage qui sert de base à l'édition de ce texte par le *Corpus* porte une lettre disparue avant *nwfn*. Sans préjuger de la forme exacte de ce nom, nous transcrivons, pour la commodité, Yanūfān.

[43] Nous connaissons la graphie de ce texte en relief par des photographies inédites de F. Geukens, meilleures que celles de Kh. Y. Nami, *Našr nuqūš sāmiyya qadīma min ǧanūb bilād al-ʿarab wa-šarḥuha*, le Caire 1943, p. 87, en bas à gauche sur le cliché supérieur.

proviennent de la même région, et mentionnent l'un et l'autre deux mêmes personnes du nom de Thafyān et Mulayk, appartiennent à la même époque. A notre avis cependant, ces noms sont des noms de clans de la tribu de Maḏmar, qu'on retrouve dans Ja 651 (à restituer partiellement d'après CIH 40), ce qui enlève tout argument en faveur du synchronisme strict des deux textes. S'il paraît désormais probable que CIH 40 remonte à l'époque de Šaʿr Awtar, ce texte s'avère par ailleurs sans utilité pour dater CIH 41 et le règne de Yāsir Yuhaṣdiq.

D'ailleurs Yāsir Yuhaṣdiq s'avère être bien antérieur à l'époque de Šaʿr Awtar. En effet, son fils, Ḏamarʿalay Yuhabirr I, est attesté seul dans CIH 365, et en corégence avec son fils Tha'rān (sans épithète) dans CIH 457, RES 4708 et 4775. Or CIH 365, qui provient de Mārib, et presque certainement du temple d'Almaqah, se caractérise encore par l'invocation à plusieurs divinités, par l'usage exclusif du mot *sʿd*, et par un souhait contenant le mot *nʿmt*. Ces indices "anciens", qui chacun apparaissent, quoique rarement, jusqu'au-delà de Naša'karib Ya'min Yuharḥib, ne se retrouvent *simultanément* dans aucun texte postérieur à la première dynastie hamdanide. CIH 457 présente les mêmes indices, ainsi que l'usage de confier (*rṯd*) la dédicace à la divinité, attesté deux fois (Nami NAG 11; Ja 592) dans les 90 textes du temple d'Almaqah postérieurs à la même dynastie. Mais CIH 457 ne provient pas de Mārib, et les critères relevés pour les inscriptions du temple ne lui sont pas strictement applicables. L'invocation introduite par *brd'*, attestée dans l'inscription de construction CIH 41, apparaît pour la première fois à Qatabān, sous le règne de Waraw'il Ghaylān (RES 4329), et est encore inconnue chez Naša'karib Yuha'min de Saba [44], encore que ce critère n'exclue pas nécessairement le synchronisme de Yāsir Yuhaṣdiq avec les derniers membres de la dynastie traditionnelle. CIH 365,12 présente encore le *š* à dos courbé en parfait demi-cercle; CIH 457 a déjà le *š* coudé, qui apparaît sporadiquement sous Naša'karib Yuha'min (Fakhry 9), et se généralise après Watar Yuha'min, fils d'Ilšaraḥ I, à l'époque de Wahab'il Yaḥuz et des derniers rois qatabanites. La graphie de CIH 457 se rapproche pour le reste nettement de celle des textes de Naša'karib, et d'Ilšaraḥ I et Watar. L'invocation de RES 4775, de Ḏamarʿalay I et son fils Tha'rān, porte une expression mutilée contenant le nom de Sumyadaʿ, qu'on retrouve également (et intentionnellement?) mutilée, dans un texte du voisinage du temple de Mārib [45], qui a pour auteurs Yāsir Yuhanʿim et son fils Šāmir

---

[44] Cf. notre *Institution monarchique*, p. 140.

[45] C'est le texte mentionné *supra*, à la fin de la note 25, p. 17-18. L'expression en question, illisible sur la planche, a été déchiffrée sur une épreuve de la photo originale de Sharafaddin, que nous a aimablement communiquée Brian Doe.

Yuhar'iš, *MR*. L'invocation de ce dernier texte cite plusieurs divinités, et le nom de Mārib y figure dans l'orthographe ancienne *mryb*, de sorte qu'il doit s'agir de la première paire Yāsir/Šāmir. L'invocation commune à ce texte et à RES 4775 doit être épisodique, puisqu'on ne la retrouve nulle part ailleurs. Il y a donc des raisons de croire que la corégence de D̲amar'alay et Tha'rān se situe vers l'époque de celle de Yāsir I et Šāmir I.

De ce faisceau d'indices il ressort que D̲amar'alay Yuhabirr I est indiscutablement un roi ancien, pratiquement contemporain de Watar Yuha'min, et il n'est pas absolument exclu qu'il soit le D̲amar'alay mentionné dans Gl. 1228 comme contemporain de Wahab'il Yaḥuz, plutôt que D̲amar'alay D̲ariḥ *MR*.

En se fondant sur des critères d'évolution stylistique, J. Pirenne situe au moins un siècle avant la fin de Qatabān des monnaies scyphates à double effigie de Tha'rān Ya'ūb [46]. Nous plaçons juste avant ces monnaies les pièces portant une double effigie et la légende *Yuhabirr* [47] qui forment visiblement la transition entre les monnaies à effigie à la tête crépue, originaires de Ḥarīb [48], et celles de Tha'rān. Il paraît difficile de ne pas identifier ces souverains avec D̲amar'alay Yuhabirr I et Tha'rān. Cette identification implique pour les monnaies des dates plus récentes, mais à notre avis acceptables, et une évolution plus rapide des types, que celles proposées par J. Pirenne.

Tha'rān, fils de D̲amar'alay I (CIH 457, RES 4708 et 4775) a été généralement identifié à la fois 1. avec Tha'rān Ya'ūb de CIH 569, où la fin de son épithète, son titre et sa filiation ont disparu; 2. avec Tha'rān Ya'ūb Yuhan'im *MR*, mentionné sans filiation dans RES 4909; et enfin 3. avec un Tha'rān Y[...], dont la fin de l'épithète et le titre ont disparu, père de D̲amar'alay Yuhabirr II dans RES 3960 [49].

A. Jamme [50] tient pour identiques les individus 1. et 2. ci-dessus, mais ce Tha'rān Ya'ūb [51] serait distinct à la fois du fils de D̲amar'alay I, et du n° 3, le père de D̲amar'alay II. Il estime en effet qu'il s'agit d'un roi himyarite à distinguer du fils de D̲amar'alay I attesté à Mārib, car les auteurs de RES 4909 sont deux

---

46 *Le royaume de Qatabân*, pl. VI, *d* (cette monnaie n'est pas identifiée dans le texte).

47 Cf. D. H. Müller, *Südarabische Altertümer im Kunsthistorischen Hofmuseum*, Wien 1889, pl. XIV, no 47 et 48, cf. p. 73.

48 Cf. J. Pirenne, *Le royaume de Qatabân*, pl. VI, c.

49 Texte que nous tenons évidemment pour authentique, en dépit de l'opinion contraire que nous attribue gratuitement A. Jamme, *Sabaean Inscriptions*, p. 380.

50 *Sabaean Inscriptions*, p. 384.

51 A. Jamme, *Sabaean Inscriptions*, p. 392, situe le règne de T̲a'rān Ya'ūb en 265-275 de notre ère, après celui de T̲a'rān fils de D̲amar'alay, sans justifier cette date.

Himyarites, délégués par leur seigneur Tha'rān au couronnement du roi de Ḥaḍramawt. Cet argument est en soi sans fondement, car la dynastie de Yāsir Yuhaṣdiq doit être originaire de la région au sud de Ṣan'ā', d'après la provenance de certains textes: Dhāff (CIH 41, où sont invoqués les dieux du palais de Raydān, dont le nom figure sur les monnaies de Tha'rān); *Ṣn'* (RES 4708), et Ḏamār (CIH 569): région himyarite, comme le montre le théâtre des opérations de 'Alhān et Ilšaraḥ II contre le territoire de ḏū-Raydān [52]. Il n'y a donc rien d'anormal à ce que cette dynastie, même parvenue à Mārib, ait envoyé des délégués de sa région d'origine. C'est d'ailleurs parce que cette dynastie a d'abord régné en territoire himyarite que ses premiers représentants ne figurent pas dans les dédicaces du temple de Mārib, à l'exception de CIH 365.

CIH 569 pourrait se placer vers l'époque de 'Alhān, d'après la forme du *b* et du *w*, qui rappelle celle de Nami 71-73. Le Tha'rān Ya'ūb de CIH 569 pourrait être le même que Tha'rān fils de Ḏamar'alay I; son règne aurait pu se prolonger jusqu'à l'époque de 'Alhān.

Par contre, Tha'rān Ya'ūb de RES 4909 doit être distinct du précédent, et postérieur: Il'aḏḏ Yaliṭ fils de 'Ammdaḫar, roi de Ḥaḍramawt, dont il est le contemporain d'après RES 4909, semble être identique à Il'azz fils de 'Ammdaḫar, nommé dans RES 3958 [53], qui serait Il'azz contemporain de Ša'r Awtar (CIH 334). Mais il paraît exclu que le règne de Tha'rān, fils de Ḏamar'alay I ait pu se prolonger jusqu'à la fin du règne de Ša'r Awtar, époque où est attesté Il'azz de Ḥaḍramawt.

Quant à Tha'rān Y[...], père de Ḏamar'alay II, repris ci-dessus sous le n° 3, A. Jamme [54] affirme que son épithète peut être déchiffrée sur la pierre: Yarkub. Cette lecture, qui distinguerait ce personnage de tous ceux qui ont porté l'épithète Ya'ūb, nous paraît fort hasardeuse. Rien n'est lisible après la première lettre de l'épithète, à part le bas d'un jambage à deux ou trois espaces du début de la cassure: celle-ci a entamé la pierre au-delà de la profondeur des lettres, rendant la lecture impossible. La restitution Ya['ūb] ne nous paraît nullement exclue. Ce Tha'rān Ya['ūb?], père de Ḏamar'alay II, pourrait très bien être monté sur le trône à l'époque de Ša'r Awtar, et être identique à son homonyme de

[52] Cf. nos *Petits royaumes*, p. 84-85.

[53] Voir la lecture du nom du père dans A. Jamme, *Pièces épigraphiques de Ḥeid bin 'Aqîl* (Bibliothèque du Muséon, 30), Louvain 1952, p. 1, n. 3. — Ce texte est daté de l'an 144 d'une ère non spécifiée. S'il s'agit de l'ère de la Province d'Arabie, le texte remonterait à 250 après J.-C.: date en soi très plausible, étant donné qu'Il'azz a commencé à régner vers la fin du règne de Ša'r Awtar, et que ce dernier règne est légèrement postérieur à la corégence de Yāsir Yuhan'im I et de Šāmir I, qui pourrait remonter à 207 de notre ère (RES 4196).

[54] *Sabaean Inscriptions*, p. 380.

RES 4909, mais il est évidemment distinct de Tha'rān fils de D̲amar'alay I, en raison de la distance, trop grande pour un seul règne, qui sépare les règnes de D̲amar'alay I (époque de Watar) et de D̲amar'alay II (après Naša'karib Ya'min Yuharḥib)[55].

Car c'est D̲amar'alay Yuhabirr II qui inaugura dans sa lignée la titulature longue, après le règne de Naša'karib Ya'min Yuharḥib, et non seulement durant sa corégence avec son fils Tha'rān Yuhan'im (Ja 668), mais déjà durant son règne isolé, comme il ressort d'un texte inédit photographié par F. Geukens près du temple de Mārib. Dans cette inscription, la dédicace est déjà offerte au "seigneur" Almaqah: innovation qui ne fut introduite qu'à la fin du règne de Naša'karib, puisqu'elle se présente dans un seul texte, probablement le plus récent (Ja 616) de ce roi, mais figure ensuite régulièrement dans les textes des règnes de *MY*[56]. Ce texte inédit mentionne, avec la même longue titulature, le chef Sa'adta'lab Yatlaf, que nous connaissons par Ja 665, sous la corégence des *MY* Yāsir Yuhan'im (II) et son fils D̲ara''amar Ayman. Ce personnage est évidemment Sa'adta'lab de d̲ū-Gadan, nommé dans CIH 397, de Mārib, texte récent comme il apparaît par l'usage du mot *mr'* après le verbe de dédicace, et qui signale à Sarīrān des opérations militaires, visiblement celles de Ja 668. On peut donc considérer que le règne de D̲amar'alay Yuhabirr II est pratiquement contemporain de la corégence de Yāsir Yuhan'im II avec son fils, d'autant plus que D̲amar'alay et Yāsir, chacun attesté comme *MR* puis comme *MY*, auraient en ce cas assumé vers le même moment la titulature longue.

IV. LE CADRE DE LA CHRONOLOGIE SUD-ARABE

La chronologie exposée dans le présent ouvrage n'est qu'une chronologie relative et très générale des différentes lignées de *MR*. En prenant comme base de départ les lignées hamdanides dont l'agencement historique est fixé depuis longtemps, nous avons établi, grâce aux critères internes fournis par les nouveaux textes de Mārib, quelles sont les lignées antérieures à l'époque d'Ilšaraḥ II, et déterminé leur position chronologique respective. La confirmation, donnée par le texte Ja 653, du synchronisme d'Ilšaraḥ Yaḥd̲ub II et de Šāmir Yuhar'iš, et la discussion du problème de Šāmir, notamment, ont permis

---

55 Dans notre article *Chronologie des rois de Saba et d̲ū-Raydān,* dans Oriens Antiquus 3 (1964), mis au point avant le présent ouvrage, nous n'avions pas encore réussi à situer Yāsir Yuhaṣdiq, D̲amar'alay I et T̲a'rān à l'époque ancienne. La partie de cet article relative à ces personnages est donc annulée par le présent chapitre.

56 Cf. *supra,* p. 9 n. 15.

de préciser dans quelles limites se situaient les dynasties plus récentes. Pour fixer les idées, remarquons qu'environ neuf ou dix générations sépareraient Ḏamar'alay Bayyin, qui paraît être le premier *MR* actuellement attesté, de Malkīkarib, premier roi monothéiste, qui devait régner seul après le milieu du IVe siècle [1]. Un calcul sommaire de la durée probable de ces générations indique que l'introduction du titre de roi de Saba et ḏū-Raydān n'est pas antérieure à la fin du premier siècle de notre ère. La fin de Qatabān pourrait se situer vers la fin du second siècle après J.-C., ou un peu plus tard. Ces dates seraient en bon accord avec celles — respectivement environs de 207 et de 276 après J.-C. — obtenues pour le règne conjoint respectif des deux séries Yāsir/Šāmir, en égalant les "ères" dites de Nabiṭ et de Mabḥūḍ avec l'ère himyarite.

Il faut éviter la tentation de forcer la portée de ces résultats, en voulant prématurément les convertir en dates absolues plus précises. Notre travail n'a pour objet que de fournir à la recherche un canevas chronologique acceptable, qui est précisément la condition nécessaire mais préalable à une étude historique détaillée. Il doit permettre d'utiliser à bon escient les données paléographiques et historiques des textes, grâce auxquelles on pourra préciser les limites des synchronismes et la durée des règnes, identifier définitivement les rois étrangers, donner un sens aux récits d'opérations militaires que des erreurs chronologiques telles que les 300 ans indûment placés entre Ilšaraḥ II et Šāmir Yuhar'iš ont rendus incompréhensibles, et donner une explication plausible — qui s'avère déjà liée à des situations tribales et géographiques — à l'extraordinaire chassé-croisé des dynasties attestées à Mārib ou se prévalant de la possession de son palais royal. Constatons simplement que ce travail confirme d'une façon indépendante le principe d'une chronologie "courte" des rois de Saba et ḏū-

---

[1] RES 3383 (traduction); texte publié par J. M. Solá Solé, *La inscripción Gl. 389 y los comienzos del monoteísmo en Sudarabia,* dans Le Muséon 72 (1959), p. 197-206. Le texte, daté de l'an 493 (environ 384 de notre ère) remonte au règne conjoint de Malkīkarib avec deux fils. Il provient de Mankaṯ, faubourg de Ẓafār, et mentionne la construction du palais de Šawḥaṭān qu'al-Hamdānī, *Iklīl 8,* éd. N. A. Faris, p. 23 cite — avec celui de Raydān — parmi les palais de Ẓafār. Malkīkarib, ou déjà son père Ṯa'rān, avait transporté là sa capitale, visiblement par suite de la rupture du barrage de Mārib survenue durant le règne conjoint de ces deux rois (Ja 671). Désormais l'ère et les noms de mois himyarites, jusque la confinés au territoire himyarite (RES 4196 etc.), passeront au domaine sabéen, y compris Mārib. — Les textes de Ṯa'rān et son fils Malkīkarib sont les plus récents du temple de Mārib, et les derniers textes païens connus. Avec Malkīkarib (RES 3383) apparaissent les premiers textes monothéistes. Nous en concluons que la désaffectation du temple de Mārib coïncide avec la disparition du paganisme officiel, et que c'est Malkīkarib, ou éventuellement déjà Ṯa'rān, qui est le chef des Ḥimyarites que Théophile a converti au christianisme à Ẓafār vers le milieu du IVe siècle (cf. Philostorge, *Hist. Eccles.,* dans Migne, *Patrologia Graeca,* 65, p. 481-486).

Raydān, à laquelle, en dépit de certaines prises de positions dogmatiques [2], il apparaît de plus en plus impossible d'échapper.

Cette chronologique "courte" ne peut à son tour s'intégrer que dans une chronologie d'ensemble "courte", du type de celle qu'a proposée J. Pirenne pour l'histoire sud-arabe, en rabaissant du VIIIe au Ve siècle avant J.-C. le début de la période des inscriptions monumentales attestées [3]. Il est clair que les défenseurs de la chronologie d'ensemble "longue", qui situent encore vers 175 avant J.-C. [4] le début de la période que nous avons étudiée, vont se trouver, si nos vues se vérifient, devant une lacune chronologique de près de trois siècles. Cependant, la chronologie des rois de Saba et d̲ū-Raydān que nous avons exposée aura consacré comme un principe presque général la simultanéité de différentes lignées dynastiques dans les Etats sud-arabes. Cet émiettement, dont la situation politique du Yémen au moyen âge offre une curieuse survivance, a été mis en lumière pour la première fois par J. Pirenne [5] pour l'époque des *mukarrib* de Saba, celle de certains rois de Qatabān, et la plus grande partie de l'histoire de Ma'īn. Il apparaît également à une époque plus tardive, dans le royaume de Qatabān [6], ainsi que dans le royaume de Saba, antérieurement à l'époque des *MR* [7]. Quant au Ḥaḍramawt, l'hypothèse de l'existence de lignées dynastiques parallèles dans ce royaume serait de nature à résoudre certaines difficultés chronologiques.

Le caractère presque universel de ce principe, depuis l'époque des *mukarrib* jusqu'à l'instauration du monothéisme, à partir duquel il survit d'ailleurs sous la forme de corégences pléthoriques, ne rend que plus apparent le paradoxe que présentent les débuts de la royauté à Saba, selon la reconstruction de J. Pirenne [8]. Alors que la période de splendeur et de puissance des *mukarrib*

---

2 En dehors de celles de A. Jamme, relevons celles de W. F. Albright, *Zur Chronologie des vorislamischen Arabien*, dans *Von Ugarit nach Qumrān, Festschrift für Otto Eissfeldt*, Berlin 1958, p. 6-7; G. W. Van Beek, *Frankincense and Myrrh in Ancient South Arabia*, dans Journal of the American Oriental Society 78 (1958), p. 151, n. 58; Id., *South Arabian History and Archaeology*, dans *The Bible and the Ancient Near East: Essays in Honor of W. F. Albright*, ed. by G. E. Wright, 1961, p. 238-242.

3 Cf. ses ouvrages *La Grèce et Saba* et *Paléographie*, I.

4 Cf. A. Jamme, *Sabaean Inscriptions*, p. 390-391.

5 *Paléographie*, I; pour une vue d'ensemble, voir son tableau généalogique général, en fin de volume.

6 Cf. A. Jamme, dans R. LeBaron Bowen et Frank P. Albright, *Archaeological Discoveries in South Arabia* (Publications of the American Foundation for the Study of Man, 2), Baltimore 1958, p. 192.

7 Cf. A. Jamme, *Sabaean Inscriptions*, p. 264.

8 *Paléographie*, I, p. 190-193, et tableau généalogique général. Ce paradoxe a déjà été évoqué par J. Coppens lors de la défense de thèse de J. Pirenne.

de Saba, ou celle de l'âge d'or de Ma'īn, est caractérisée par la multiplicité des lignées parallèles et simultanées de souverains, la période obscure des débuts du royaume de Saba coïnciderait apparemment avec l'unification du pouvoir en une seule lignée. Or le nombre des rois sabéens connus qui restent à classer entre la date (début du IIe siècle avant J.-C.) à laquelle J. Pirenne a arrêté la première partie de son étude, et les premiers rois de Saba et ḏū-Raydān, peut à peine occuper, même s'ils ne constituent qu'une lignée unique, l'intervalle qui reste à combler. D'ailleurs, il semble ressortir des nouveaux textes de Mārib que les derniers rois de Saba, en tout cas, ont régné en plusieurs lignées parallèles. Une pénurie analogue se dessine à la période correspondante du royaume de Qatabān, depuis qu'il apparaît que plusieurs lignées supposées successives ont été synchroniques.

On peut se demander si ce paradoxe apparent n'est pas dû à une erreur de perspective de notre part, dans l'espace ou dans le temps. Dans l'espace, si par exemple la civilisation sabéenne avait temporairement émigré des sites où est attesté son éclat à d'autres époques, n'y laissant que les signes d'une décadence provinciale. Mais notre connaissance actuelle du Yémen n'offre à l'attention aucun lieu plausible où elle aurait pu continuer à briller durant cette période. Par contre, un défaut de perspective dans le temps, en allongeant indûment la durée de la période, en réduirait dans la même proportion la densité historique. Ce qui nous paraît être un siècle obscur, meublé avec peine par trois ou quatre règnes successifs et mal attestés, pourrait n'être que l'espace d'une génération aux règnes parallèles. Tout bien considéré, en tenant notamment compte du fait que le phénomène en question paraît général, puisqu'il se manifeste aussi bien à Saba qu'à Qatabān — ainsi d'ailleurs que dans l'absence totale du territoire minéen dans les documents, entre la disparition du royaume et le règne de Karib'il Watar Yuhan'im *MS* (CIH 609) — nous estimons vraisemblable qu'un abaissement ultérieur d'environ un siècle des dates proposées par J. Pirenne pour la période ancienne, s'avérera inéluctable.